Unterrichtsstörungen stoppen & vorbeugen auch in schwierigen Klassen

Mit souveränem Classroom-Managment zu angenehmem Klassenklima und weniger Stress - inkl. der besten Sofortmaßnahmen

Markus Steiger

INHALT

Was den
Unterricht stört

Gerade eben war alles perfekt. Die Schüler sind konzentriert und aufmerksam, der gut vorbereitete Unterricht fließt fast wie von selbst und so könnte es immer weitergehen. Tut es aber nicht, denn im Klassenzimmer nebenan wird bekannt, dass der Englisch-Test ausfällt, der Kollege ist krank. Drüben bricht die Hölle los. Vor Freude wird geschrien, Stühle krachen auf den Boden. Dahin ist der perfekte Flow in Ihrer Klasse, die Schüler sind abgelenkt, machen Bemerkungen, werden unruhig. Was jetzt? Ignorieren, nach nebenan gehen und Ordnung schaffen oder mit einer souveränen Bemerkung die Störung abhandeln und die Konzentration im eigenen Klassenraum wiederherstellen? Auf Unterrichtsstörungen richtig zu reagieren, ist die tägliche Herausforderung für Lehrende. Unterrichtsstörungen von vornherein zu vermeiden, ist der Königsweg. Doch es sind nicht alle Störungen vermeidbar, manche Unterbrechungen kommen von außen. Vieles hat seine Ursachen in Strukturen außerhalb des Klassenraums und auch außerhalb der Schule. Entscheidend für den richtigen Umgang ist es, die Störung richtig einzuschätzen.

Die Formen der Störungen sind vielfältig. Verbal als Zwischenrufe oder durch Verhalten wie Gezappel, Unaufmerksamkeit oder auch Verweigerung. Gegenstände können zur Störung werden, hier sind natürlich Handys das beste Beispiel. Nolting (2012) unterscheidet Störungen nach aktiven Unterrichtsstörungen (Herumlaufen, Schwätzen ...), passiven Unterrichtsstörungen (vergessenes Material, Verweigerung der Mitarbeit ...) und Störungen durch Schüler-Schüler-Interaktion (Streit, Mobbing). Es gibt Störungen, gegen die Sie nichts tun können. Die Baustelle vor dem Schulgelände, Streik bei den öffentlichen Verkehrsmitteln, der die halbe Klasse zu spät kommen lässt, all das sind

Gegebenheiten, mit denen umgegangen werden muss. Eine graduelle Unterscheidung nimmt Biller vor und unterscheidet Bagatellstörungen, direkte und indirekte Störungen und unvermeidbare bzw. unbehebbare Störungen (Biller, K., 1979). Dieser eine Zwischenruf, für sich genommen eine Kleinigkeit, könnte mit einem Blick abgestraft werden, wäre es nicht der gefühlt zwanzigste in dieser Stunde, also der Tropfen, der das Fass zum Überlaufen bringt.

Der Lehrbeauftragte für Classroom-Management an der Universität Tübingen, Christoph Eichhorn, weist auf eine wichtige Perspektive hin: Wenn Schüler stören, kann dies auch eine Möglichkeit bieten, eine bessere und tiefere Beziehung zur Klasse und zum Schüler aufzubauen. (Eichhorn, C. 2019) Das hilft dem Klassenklima und wirkt lernfördernd. Wie Sie auf Situationen reagieren, wird von Ihren Schülern genauestens wahrgenommen und bewertet. Eine Störung bietet Ihnen die Chance, Respekt zu erwerben, nicht etwa durch drastische Sanktionen, sondern durch souveräne, angemessene und professionelle Antworten.

Es handelt sich bei jedem Vorgehen immer auch um eine Gratwanderung. Erreichen Sie durch Disziplin, Struktur und Konsequenz einen nahezu störungsfreien Unterricht, ohne die Kreativität und Aktivität der Schüler zu bremsen.

Wer den Unterricht stört

Es lohnt sich auch, Fragen zum Störer selbst zu stellen. Stört dieser Schüler oft, dauerhaft, immer auf die gleiche Art und bei jedem Lehrer? Oder nur in Ihrem Unterricht? Gibt es sonst Auffälligkeiten in seinem Auftreten, Verhalten, hat sich etwas geändert in letzter Zeit? Schüler, die aus individuellen Gründen stören, tun dies immer wieder im Gegensatz zu anderen, die fast nie stören. Es wäre viel zu kurz gegriffen, als Störer allein Schüler zu identifizieren. Lehrer selbst können für die Klasse zum Störer werden, wenn es zum Beispiel zu Überreaktionen kommt. Ein Schüler hat sein Buch nicht aufgeschlagen und Sie donnern die gesamte Klasse an? Das kommt vor, führt jedoch dazu, dass alle ihre Arbeit unterbrechen, Sie haben ein Kind ermahnt und zwanzig gestört. Dann gibt es natürlich auch Störer von außen, wie die Mutter, die an die Tür klopft, weil sie noch den vergessenen Turnbeutel des Sohnes bringen wollte. Lautsprecherdurchsagen oder selbst Kollegen mit eigentlich guten Absichten können den Flow in der Klasse ruinieren. Das hat niemand in der Hand und hier zahlt es sich aus, über gute Strategien zu verfügen, mit denen Sie die Klasse möglichst schnell wieder auf den Pfad der Konzentration zurückführen.

Ursachen

Die Ursachen von Störungen zu erkennen, erfordert einen klaren Blick auf die Situation. Die grundsätzliche Frage ist zunächst, ob die Ursache etwas ist, das ich beeinflussen kann oder nicht. Kann ich also der Störung in Zukunft begegnen, indem ich an der Ursache arbeite, oder liegt das außerhalb meines Einflusses und ich muss mit der Störung selbst umgehen? Viele Störungen haben ihre Ursache in Bereichen, auf die der Lehrer nicht einwirken kann. So ist zum Beispiel die Klassengröße ein entscheidender Faktor für das grundsätzliche Maß an Unruhe in der Klasse. Eine Studie des Deutschen Instituts für Wirtschaftsforschung e. V. in Berlin hat 2018 mit einer

Studie belegt, dass in kleineren Grundschulklassen bessere Leistungen in Deutsch und Mathematik erzielt werden. Das Potenzial für Unruhe und Störungen ist in kleineren Klassen geringer. Die Klassengröße können Sie nicht beeinflussen, wichtig ist es, den Unterrichtsstil an die Klassengröße anzupassen. Gleiches gilt für die Zusammensetzung der Klasse. Je höher die Heterogenität der Klasse ist es, des hilfreicher wird es sein, zum Beispiel die Aufgaben individueller auszudifferenzieren. Je mehr Sie über Ihre Schüler wissen, umso besser können Sie Ihren Unterricht darauf einstellen und umso störungsfreier und ruhiger wird Ihr Alltag laufen.

Was sind die Gründe, aus denen Schüler den Unterricht stören? Diese sind in verschiedenen Gebieten zu finden. Am einfachsten für Sie feststellbar sind die Ursachen, die in Ihrem eigenen Unterricht liegen. Sind die Schüler unterfordert oder überfordert? In der Situation selbst ärgern Sie sich über freche Antworten oder die Verweigerung von Antworten durch Schüler. Mit etwas Abstand betrachtet, ist es jedoch eine nachvollziehbare Reaktion, wenn Sie zum Beispiel eine viel zu einfache Frage stellen. Oder Sie überfordern die Klasse mit zu schnellen Arbeitsschritten, die Schüler sehen keine Chance, Ihnen zu folgen – ist es da nicht verständlich, dass sie sich mit etwas anderem beschäftigen? Solche Störungsursachen sind für Sie leicht zu erkennen, scheuen Sie sich nicht, die Schüler auch selbst zu fragen.

Schwieriger wird es, wenn die Ursachen in der allgemeinen Klassensituation liegen. Fragen Sie sich, ob die Klasse generell unruhig ist oder ob die Unruhe im Zusammenhang mit einem bestimmten Ereignis liegt, zum Beispiel der Wechsel des Klassenzimmers oder eine neue Klassenzusammensetzung. Sprechen Sie mit dem Kollegen, der vor Ihnen die Klasse geleitet hat, und fragen Sie ihn nach seinen Erfahrungen. Jede Information kann Ihnen hier nützlich sein. Beziehen Sie in Ihre Überlegungen immer auch ein, woher die Kinder der Klasse kommen. Welcher Erziehungsstil herrscht bei den Eltern vor? Wahrscheinlich haben Sie nach dem ersten Elternabend dazu mehr Klarheit, vorausgesetzt, dass Sie diese Gelegenheit nutzen, um wirklich ins Gespräch mit den Eltern zu kommen.

Die individuellen Ursachen für störendes Verhalten sind wiederum vielfältig. Pubertät, familiäre oder gesundheitliche Probleme, Sie können diese Ursachen nicht beheben. Sie zu kennen, hilft Ihnen aber, damit umzugehen.

Die Folgen für Lehrer und Schüler

A uch, wenn es nicht die große Eskalation ist, meist sind es die vielen kleinen Störungen, die sich summieren. Das ist insgesamt eine enorme emotionale Belastung, die nicht immer ohne Folgen bleibt. Es gilt, ein erhöhtes Burn-out-Risiko durch Achtsamkeit gegenüber der Klasse zu vermeiden, aber vor allem auch sich selbst. Die DAK veröffentlichte eine Umfrage unter Lehrkräften an 25 Schulen in 7 Bundesländern, ob sie glauben, dass "ihre Kraft und ihre Gesundheit ausreichen wird, um den Beruf bis zum Erreichen des gesetzlichen Pensionsalterns ausüben zu können" (DAK, 2011). In dieser DAK-Leuphana-Studie wurde unter anderem der Zusammenhang zwischen Gesundheitszustand der Lehrkräfte und den Personen- und Schulmerkmalen untersucht. An Gesamtschulen und beruflichen Schulen sind die Lehrkräfte am meisten, und an Grundschulen am wenigsten zuversichtlich in dieser Frage. Das Fehlen störungsfreier Pausen, die Lärmbelastung und Unterrichtsstörungen werden als Hauptursachen genannt.

Auch für die Schüler sind die Folgen permanenter Unterrichtsstörungen gravierend. Den Schülern steht weniger aktive Lernzeit zur Verfügung. Durch das geschwächte Klassenklima sind die Schüler dazu noch weniger motiviert, weniger aufmerksam und selbst ebenfalls emotional belastet. Problematisch für Schüler und die Qualität ihres Lernens ist das ständige Abwechseln von Lernphasen und Unterbrechungen, ein Stop-and-Go, das effektives und konzentriertes Arbeiten verhindert (van Wickeren, 2019, S. 28). Hier kann es schnell zu einem sich selbst verstärkenden Kreislauf kommen. Gelangweilte Schüler einerseits und Frustration durch mangelnde Arbeitsatmosphäre oder Erfolgserlebnisse lassen wiederum das Potenzial für weitere Störungen steigen.

8 Sofortmaßnahmen – Richtig reagieren

SOFORT REAGIEREN

Reagieren Sie auf eine Störung umgehend, ohne Zeit zu verlieren. Im Idealfall bemerken Sie eine Störung schon, wenn sie sich ankündigt. Wenn Sie eine hohe Aufmerksamkeit auf die gesamte Klasse haben, können Sie einer Störung frühzeitig begegnen, noch bevor sie Gelegenheit hat, sich aufzubauschen. Die schnelle Reaktion erfolgt nach dem Prinzip „so wenig wie möglich – so eindringlich wie nötig". Je früher Sie eingreifen, desto weniger Energie müssen Sie in die Behebung der Störung stecken.

COOL BLEIBEN

Natürlich platzt uns allen mal der Kragen. Bei einer Unterrichtsstörung ist es jedoch wichtig, kontrolliert und gelassen zu reagieren. Schülern, die nur Grenzen testen möchten oder gezielt daran arbeiten, Sie ausflippen zu sehen, würden Sie sonst ein Erfolgserlebnis bescheren. Sich nicht mitreißen zu lassen, sondern distanziert zu bleiben, kann man üben. Dazu braucht es jedoch den Mut, solche Fehler im Nachhinein nochmals zu betrachten und zu reflektieren.

AUF VERWEIGERUNG REAGIEREN

Verweigert ein Schüler die Mitarbeit und führt einen Arbeitsauftrag nicht aus, lohnt sich zuerst eine Abwägung. Der Schüler stört wahrscheinlich seinen Banknachbarn, weil der auf ihn aufmerksam wird, ihn vielleicht anschubst. Wenn Sie den Unterrichtsfluss unterbrechen, um eine Zurechtweisung auszusprechen, stören Sie selbst die anderen 20 Schüler. Hier wäre es besser, mit nonverbalen Signalen zu beginnen. Stellen Sie Blickkontakt her oder bewegen Sie sich im Klassenraum auf den Schüler zu. So erkennt der Schüler, dass sein Verhalten wahrgenommen wird. Idealerweise weiß er aus Erfahrung, dass er jetzt mitmachen sollte, um weitere Konsequenzen zu vermeiden.

NONVERBALE MITTEL

Nonverbale Mittel wirken direkter, schneller und effektiver als eine gesprochene Ermahnung. Der Vorteil im Unterricht ist auch, dass der Unterrichtsfluss fortgesetzt werden kann, während dem störenden Schüler ein Signal der Ermahnung gesendet wird. Solche Signale sind Blicke, hochgezogene Augenbrauen, ein Nicken in die Richtung des Schülers, Zugehen auf den Schüler.

Doch auch Ihre gesamte Wirkung als Lehrender wird sich ändern, wenn Sie insgesamt auf Ihre Körpersprache achten. Dominanter und selbstbewusster wirken Menschen, die sich langsam bewegen. Hektische Bewegungen und Gefuchtel deuten auf eine Unsicherheit hin. Richten Sie Ihren Blick nicht nach unten, blicken Sie geradeaus. Schwierig wird es, wenn die Klasse erkennen kann, dass Sie versuchen, dominant zu wirken. Also bleiben Sie immer authentisch und dosieren Sie die Mittel der Körpersprache achtsam.

VERBALE MITTEL

Die verbale Intervention steht nie für sich allein, sie folgt auf nonverbale Mittel, sozusagen als zweiter Schritt. Sie hat immer einen Zusammenhang mit der Körpersprache. Gehen Sie zum Beispiel auf einen Schüler zu, während Sie ihn ansprechen, wirkt die Botschaft deutlich intensiver oder vielleicht sogar bedrohlicher aus Schülersicht. Achten Sie darauf, Ich-Botschaften zu formulieren.

Das ist eine Strategie, die nicht nur in der Pädagogik angewandt wird, sondern auch zum Handwerkszeug der Topmanager gehört. Der Befehlston mag Ihnen einen kurzfristigen Erfolg bescheren, nutzt sich aber in Schülerohren schnell ab. Ich-Botschaften hingegen sind für den Adressaten leichter anzunehmen, die Akzeptanz steigt. Statt „Du hast schon wieder nicht …" einfach mal mit sich selbst beginnen: „Mir ist es wichtig, dass …". Auch Emotionen dürfen vorkommen: „Es ärgert mich, wenn ich dauernd unterbrochen werde.", statt „Du redest ständig rein!" Hören Sie sich selbst unter diesem Aspekt zu. Wie formulieren Sie Ihre Botschaften? Für einen Einstieg hilft es Ihnen vielleicht, sich ein paar Sätze im Voraus zurechtzulegen. Ihre Stimme bietet Ihnen auch eine wunderbare

Methode der sogenannten „Stimmlichen Antizipation" (Rhode, Meis, 2016, S. 155). Sie möchten eine Situation herunterkochen und nehmen das, was Sie sich vom Schüler wünschen, in Ihrer Stimme vorweg, nämlich Beruhigung. Daher sprechen Sie in einem ruhigen, kontrollierten Ton. Dies funktioniert leider auch umgekehrt, wenn Sie Aggression in Ihre Stimme mischen.

IHRE AUSSTRAHLUNG

Der perfekte Lehrer strahlt eine natürliche Autorität aus, weil er in sich ruht, harmonisch und in Einklang mit seinem Umfeld lebt. Das ist ein Idealbild, das „normale" Menschen nicht erreichen, zumindest nicht jeden Tag. Durch Ihre gelassene Ausstrahlung bewirken Sie bei den Schülern ein Sicherheitsgefühl, das in einem insgesamt entspannteren Klassenklima mündet. Präsenz strahlen Personen aus, die sofort bemerkt werden, wenn Sie einen Raum betreten. Es wäre schon ideal, wenn Ihr Betreten des Klassenzimmers bereits das Signal an die Schüler wäre, dass in diesem Moment der Unterricht beginnt, sie sich setzen und sie erwartungsvoll ansehen.

Es ist die richtige Mischung aus Gestik, Mimik und Körperhaltung, die glaubwürdig abrundet, welche innere Haltung Sie ausstrahlen. Betrachten Sie auch Ihre Garderobe unter diesem Aspekt. Wahrscheinlich können Sie sich selbst noch erinnern, was genau oder zumindest in welchem Stil Ihre eigenen Lehrer gekleidet waren. Kleidung kann Ihre Ausstrahlung unterstützen (oder auch das Gegenteil bewirken).

Insgesamt können Sie davon ausgehen, dass Schüler über feine Antennen verfügen und Ihre unterschwelligen Signale sofort empfangen. Wirken Sie gut vorbereitet? Sie agieren anders, wenn Sie einen guten Plan für die zu haltende Stunden haben. Sie strahlen aus, ob Sie gern in eine Klasse kommen, und erhalten dafür auch die entsprechenden Reaktionen der Schüler.

Sie wissen sicherlich aus eigener Erfahrung, wie schwer es ist, jemanden zu akzeptieren, der aus jedem Knopfloch die Botschaft sendet, dass er lieber ganz woanders wäre. Von jemanden, der vielleicht sogar Verachtung ausstrahlt, kann sich niemand leicht sagen lassen, wie er sich zu verhalten hat. So geht es auch Schülern. Demjenigen, ob Lehrer oder nicht, der uns signalisiert, dass er gern mit uns arbeitet, dass er uns vielleicht sogar mag, vertrauen wir mehr. Unter solchen Umständen ist jeder viel mehr bereit, mitzuarbeiten und Anweisungen zu befolgen. Dann wird aus

Pflichterfüllung und Gehorsam etwas wie Teamarbeit und gemeinsames Erreichen der Ziele.

DEESKALATION

Das einfachste und wirksamste Mittel zur Deeskalation ist Humor. Schwierig nur, dass einem in Konfliktsituationen nicht gerade zum Witzeln zumute ist. Trotzdem lohnt es sich, humorvolle Reaktionen zu üben. Im Fall einer Eskalation ist es enorm hilfreich, ein Repertoire an Maßnahmen zur Hand zu haben. Da Sie wenig Zeit haben, eine geeignete Strategie zu durchdenken und verschiedene Möglichkeiten abzuwägen, ist es sinnvoll, sich eine Art Notfallplan zurechtzulegen. Visualisieren Sie Situationen, in denen Sie schnell eingreifen müssen. Eine mentale Checkliste mit Inhalten wie „Ich atme durch und reagiere professionell", „Ich werde Hilfe erhalten", „Ich bleibe Herr der Situation" wird Ihnen helfen.

Um Situationen zu deeskalieren, gibt es eine Vielzahl von Methoden und Strategien. Hier ist nur Raum, um wenige beispielhaft zu nennen. Nonverbale und verbale Signale des Verstehens durch ruhige Handbewegungen und Sätze, die beginnen mit „Ich kann sehen, dass du dich ungerecht behandelt fühlst …".

Verständnis zu zeigen, ist ein wichtiger Bestandteil von Deeskalationsstrategien. Versuchen Sie trotz des enormen Drucks, den solche Situationen ausüben, nicht auf Phrasen zu verfallen. Schüler werden sofort sehen, ob Sie es mit Ihrem Verständnis wirklich ernst meinen.

In einer explosiven Situation wird eine Menge emotionaler Energie freigesetzt. Energie ableiten können Sie, indem Sie den Schüler in ein Gespräch verwickeln. Der Schüler soll genau artikulieren, was er in diesem Moment erreichen will und was er braucht. Das Formulieren bindet Energie und hilft ihm dabei, sich wieder kontrollieren zu können. Wenn Sie spüren, dass die Eskalationsgefahr gebannt ist, vergessen Sie bitte nicht, an die Wiedereingliederung aller Beteiligten zu denken.

Auch deeskalierend wirkt ein Positionswechsel: Sich gegenüberzustehen, wirkt konfrontativ. Nehmen Sie eine seitliche Position ein, indem Sie einen 90°-Winkel herstellen. So brechen Sie die „Front" körperlich auf.

„DU HAST DIE WAHL"

Dem Schüler die Wahl zu lassen, ist ein guter Ausweg aus vielen verfahrenen Situationen. Geeignet, wenn der Machtkampf bereits in vollem Gange ist, oder zur Verkürzung endloser Debatten. Fast jede Situation, die sich festgefahren hat, kann durch das Angebot einer Auswahl neu aufgestellt werden. Vorteilhaft ist das zum einen, weil Sie derjenige bleiben, der die Situation kontrolliert. Durch das Anbieten von zum Beispiel zwei Möglichkeiten bleiben Sie derjenige, der vorgibt, was gemacht wird.

Nebenbei haben Sie auch klargestellt, was nicht gemacht wird. Wie kann das aussehen? Grundsätzlich: „Ich möchte, dass du jetzt entscheidest, ob du weiter an der Aufgabe arbeitest oder dir die ganze Thematik später zu Hause allein erarbeitest und mir morgen das Ergebnis zeigst." Wichtig: Sie müssen mit beiden Möglichkeiten leben können, egal, was der Schüler entscheidet. Grenzen Sie die Wahlmöglichkeiten für den Schüler eng ein, zu viel Spielraum würde in neuen Verhandlungen münden.

Diese Fehler sollten Sie vermeiden

SCHREIEN

Mal ehrlich, wer hat es nicht schon getan, vor allem als Berufseinsteiger? Wer hat es nicht schon bei Kollegen gehört? Manchmal passiert es schleichend, man wird lauter, die Situation wird schlimmer, man wird noch lauter, die Situation wird noch schlimmer und plötzlich schreit es aus einem heraus. Jetzt wissen die Schüler, dass Sie sich nicht unter Kontrolle haben. Im gleichen Moment schließen die Schüler daraus, dass Sie sonst auch nichts unter Kontrolle haben. Der Respekt, der hier verloren geht, wird sehr mühsam wieder aufzubauen sein. Was

Sie nicht verlieren, ist Ihre Rolle als Vorbild. Die Schüler werden denken: „Wenn der rumschreien darf, darf ich das auch!" Abgesehen davon, gibt es inzwischen einen gesellschaftlichen Konsens, dass Schreien eine Form von Gewalt Kindern gegenüber ist, und Kinder haben das Recht auf eine gewaltfreie Erziehung.

RECHTFERTIGUNGEN

Es gibt Situationen, in denen es sehr wichtig ist, eine Entscheidung zu begründen. Ebenfalls gibt es Situationen, in denen Schüler Sie dazu bringen, sich für Entscheidungen zu rechtfertigen. Dazwischen verläuft ein schmaler Grat. Schüler gehen oft geschickt vor, um Sanktionen zu vermeiden.

Zum Beispiel sehen Sie einen Schüler, als er auf dem Handy tippt. Sie möchten das Handy für einen Tag einziehen. Sie fordern den Schüler auf, das Handy abzugeben, aber der Schüler behauptet, er hätte das Handy gar nicht in der Hand gehabt. „Ich habe echt nichts gemacht!" Wenn Sie jetzt beginnen, sich zu rechtfertigen mit „Ich habe gesehen, wie du getippt hast." ist es der Anfang vom Ende, denn die Antwort wird lauten: „Ich habe das Handy nicht mal in der Hand gehabt!", und Sie müssen sagen: „Ich habe doch gesehen, wie du es eingesteckt hast!" Was der Schüler bezweckt, ist, Sie zum Aufgeben oder Nachlassen zu bringen, weil es Ihnen irgendwann entweder zu blöd wird oder Sie die viele Zeit bereuen, die Sie in diese endlose Debatte stecken. Also lassen Sie sich erst gar nicht darauf ein. Bestehen Sie auf Ihrem Punkt „Gib mir das Handy!" Geben Sie eine Perspektive: „Morgen bekommst du es zurück." Das Handyverbot ist eine klare Regel, Sie haben die Konsequenzen mit den Schülern ausführlich Anfang des Schuljahres besprochen, daher gibt es keinen Grund, diese jetzt erneut zu begründen. Andere Einleitungen für von Schülern initiierte Rechtfertigung-Strategien sind: „Warum immer ich? Die anderen haben auch ...", oder „Das ist doch Schikane ...".

INKONSEQUENZ

Wurden einem Schüler Folgen seines Fehlverhaltens angekündigt, dann aber nicht umgesetzt, ist es leicht vorherzusehen, wie er beim nächsten Mal reagieren wird. Er wird es nicht mehr ernst nehmen. Konsequenzen durchzusetzen, wird dann für den Lehrer doppelt so schwer sein. Natürlich ist es so verlockend, auch mal was zu „vergessen", mal versöhnlich zu agieren.

Tatsächlich raubt das Durchsetzen von Regeln und Konsequenzen Ihnen die Energie, die Sie so viel lieber in Unterricht stecken würden. Sie brechen ab mit: „O.K., diesmal lassen wir es durchgehen, aber wenn ich das nochmals sehe ...". Werfen Sie mit Strafen oder Sanktionen nicht inflationär um sich. Agieren Sie mit diesen Mitteln angemessen und individuell. Verhängen Sie Strafen niemals spontan, sondern immer gemäß der Regel, die Sie selbst zusammen mit den Schülern aufgestellt haben. Nachvollziehbare Konsequenzen sind wesentlich leichter durchzusetzen.

MACHTKÄMPFE

Lassen Sie sich nicht in Machtkämpfe hineinziehen. Einmal in eine solche Auseinandersetzung verwickelt, wird der Ausweg schwierig und für alle Beteiligten anstrengend. Lassen Sie nicht zu, dass es Gewinner und Verlierer gibt, egal, ob Ihre Situation zur einen oder anderen Seite neigt.

Machtkämpfe können dann entstehen, wenn das Streitobjekt verhandelbar erscheint. Also gilt es zunächst einmal, grundsätzlich deutlich zu machen, dass im Schulalltag einiges nicht verhandelt werden kann. Wenn es doch so weit gekommen ist, denken Sie bitte daran, dass der Machtkampf so lange stattfindet, bis Sie ihn beenden. Eine Möglichkeit dazu ist, die Verlegung der Debatte auf einen Rahmen ohne Publikum. Eine andere ist es, einen Ausweg anzubieten, der eine Bedingung enthält. Schüler Tom kommt zu spät, auf Ihre Ermahnung reagiert er trotzig und schiebt vor, der Bus sei nicht gekommen. Sie sind vielleicht genervt, Sie wissen, der Bus war da, und Sie konfrontieren Tom mit dieser Tatsache. Tom bleibt bei seiner Behauptung und hebt Stimme. Sie werden auch lauter und fast hätten Sie sich auf den Kampf eingelassen. Aber Sie beenden die Sache mit einem klugen Exit: „Ich mache jetzt einen Klassenbucheintrag, den ich lösche, wenn du mir die Bestätigung vom Busunternehmen bringst."

ÜBERREAGIEREN

Belohnen Sie Störungen nicht durch Aufmerksamkeit. Die minimale Reaktion ist immer die beste. Außerdem behalten Sie die Möglichkeit, noch „etwas draufzusetzen".

SICH MANIPULIEREN LASSEN

Manipulieren lässt sich keiner gern. Es ist persönlich unangenehm, wenn es aber im Unterricht geschieht, gefährdet es auch den Lehrerfolg Ihrer gut vorbereiteten Unterrichtsstunde. Aber es wird nicht ausbleiben, dass Schüler testen, wie manipulierbar Sie sind. Dem entgehen Sie nur, wenn Sie achtsam bleiben und eine Manipulation sofort als solche entlarven können.

Meldungen von Schülern, die zum Ziel haben, den Lehrer aus der Fassung zu bringen, sind sehr klar zu erkennen. Anders sieht es aus mit Manipulations-Strategien, die von Schülern langsam aufgebaut werden. Reagieren Sie, solange Sie noch können, denn wenn Sie erst in eine Ecke gedrängt wurden, ist es fast zu spät. Strategien zum Gegensteuern könnten sein, klarzustellen, dass man das „Spiel" durchschaut: „Ich weiß, wo das hinführt, lass es lieber gleich!" Oder Sie tun das Unerwartete und loben den Ansatz: „So viel Einsatz und Kreativität, toll! Das wäre was für die nächsten Hausaufgaben!"

LIEBLINGSSCHÜLER

In jeder Klasse gibt es einen oder ein paar Schüler, die besonders hübsch, besonders klug oder besonders sympathisch sind. Es ist völlig normal und okay, dass wir manche Menschen netter finden als andere. Wenn Sie jedoch als Lehrer einem Schüler mehr Aufmerksamkeit schenken als anderen, werden sich die anderen zum Ausgleich Ihre Aufmerksamkeit verschaffen müssen. Zum Beispiel durch Unterrichtsstörungen.

Sollen Sie also einfach verbergen, wen Sie am meisten mögen? Schwer, denn Ihre Schüler haben die feinsten Antennen, um auch Ihre subtilsten Botschaften wahrzunehmen. Die Lösung liegt darin, Methoden zu finden, um auch die anderen Kinder mögen zu können. Damit bleiben Sie authentisch und glaubwürdig dazu. Der Klassiker ist es, sich mindestens 3 Dinge zu überlegen, die man an dem Schüler mögen kann. In einer idealen Welt ist es nicht notwendig, hübsch, klug oder sympathisch zu sein, um akzeptiert zu werden. In der Realität hilft es, sich die positiven Eigenschaften des Schülers gelegentlich bewusst zu machen, die nicht so sehr „an der Oberfläche liegen".

ZYNISCH UND HERABSETZEND SEIN

Mit zynischen oder herabwürdigendem Verhalten werden Sie selbst zum Verlierer. Sie verlieren das Vertrauen und den Respekt der ganzen Klasse, die Ihr Verhalten beobachtet. Sie verlieren nachhaltig die gute Beziehung zu Ihrer Klasse. Diesen Schaden zu beheben, wird Sie so viel mehr Mühe kosten, als sich in diesem einen Moment selbst zu kontrollieren und professionell und distanziert zu reagieren.

BAGATELLISIEREN

Spüren Sie zwischen aufmüpfigen Verhalten, frechen Antworten oder aggressivem Agieren manchmal, dass es einem Schüler nicht gutgeht? Schieben Sie diesen Eindruck bitte nicht einfach beiseite. Wenn Sie den Schüler vielleicht als Konsequenz einer Unterrichtsstörung im Nachgang ohne Publikum ansprechen, gehen Sie auch diesem Punkt nach. Dabei ist ein „Das wird schon werden" aus Sicht des Schülers eine Bagatellisierung seiner Probleme. Das Problem mag für Sie eine Bagatelle sein, sich für den Schüler aber existenziell anfühlen. Besser ist es, den Schüler erleben zu lassen, dass Sie die Problematik verstehen und im Rahmen Ihrer Möglichkeiten unterstützen wollen.

Im Vorfeld Störungen vermeiden

Auf Unterrichtsstörungen richtig zu reagieren, ist äußerst wichtig. Unterrichtsstörungen gar nicht erst aufkommen zu lassen, ist noch wichtiger und relativiert ersteres. Ein Unterricht ganz ohne Störungen ist eine Illusion, die nicht mal wünschenswert wäre, wenigstens nicht auf Dauer, denn dann würden Sie auch auf wertvolles Feedback vonseiten Ihrer Schüler verzichten und Sie würden schnell feststellen, dass der Unterricht auch an Lebendigkeit und Kreativität eingebüßt hat.

KLASSENREGELN

Die Klassenregeln sollen sinnvoll und zielorientiert sein. Sie haben bereits Klassenregeln? Super, bitte überprüfen Sie doch auch dahin gehend, ob diese positiv formuliert sind. Es macht einen Unterschied, ob die Regel lautet „Du darfst nicht dazwischenrufen!" oder „Wir hören zu, wenn jemand spricht." So wird die Regel nachvollziehbar, denn wer würde nicht wollen, dass ihm zugehört wird. Und noch einen Unterschied gibt es: Zwischendurch eingeführte Klassenregeln werden als beliebig oder sogar als Strafe aufgefasst. Klassenregeln, die zu Beginn des Schuljahres eingeführt werden, könnten ein Deal sein, der auf einem Konsens beruht und damit eine höhere Akzeptanz hat.

Die Konsequenzen bei Verstößen sollten angemessen, nachvollziehbar und transparent sein. Bewährt haben sich mehrstufige Systeme, wie zum Beispiel: Beim ersten Verstoß wird gemahnt, der zweite bestraft, usw. Wichtig ist es, diese Punkte auch zu dokumentieren. Zum einen für Sie selbst, um nicht in Schüleraugen ungerecht zu wirken, wenn Sie nicht mehr nachvollziehen können, wie viele Verstöße statt-gefunden haben. Zum anderen, um in einem Gespräch auch dem Schüler gegenüber transparent machen zu können, worin genau sein Fehlverhalten besteht. Dem beliebten Einwand „Immer werde nur ich bestraft" können Sie dann mit nachvollziehbaren Zahlen begeg-nen „Du hast allein in dieser Woche mit 7 Zwischen-rufen deine Mitschüler gestört".

Vorschläge für Klassenregeln:

Wir respektieren einander.

Wir sind pünktlich.

Wir gehen freundlich miteinander um.

Wir benutzen respektvolle Sprache.

Wir hören einander zu.

Wir melden uns, wenn wir sprechen möchten.

Wir halten das Klassenzimmer sauber.

Wir achten auf unsere Materialien.

DER KLASSENRAT

Im Klassenrat haben die Schüler Gelegenheit, zu ler-nen, Probleme zu lösen. Dort seine Probleme formulie-ren zu dürfen, ersetzt vielleicht manche Störaktion. Der Schüler muss nicht, um Aufmerksamkeit für sich und sein Problem zu erhalten, gegen Regeln zu verstoßen, wenn er eine bessere Möglichkeit hat.

Diese Möglichkeit können Sie durch die Etablierung eines Klassenrates schaffen. Natürlich ist es wichtig, dass dieser Klassenrat eine regelmäßige Veranstaltung ist. Es muss ein geschützter Rahmen sein, in dem die Schüler sprechen dürfen. Um die Verlässlichkeit zu transportieren, sollte der Klassenrat, wenn es möglich ist, immer zur gleichen Zeit stattfinden, möglichst einmal pro Woche (z. B. freitags zweite Stunde).

Die Gesprächsregeln müssen klar und nachvollziehbar sein: Ausreden lassen, niemanden auslachen, Ich-Botschaften formulieren, den Sprechenden ansehen, nur über Anwesende sprechen usw. Neben dem positiven Effekt auf das Klassenklima und den Unruhepegel lernen die Schüler hier ganz nebenbei, Probleme zu artikulieren. Sie machen die Erfahrung, dass es nicht zu jedem Problem sofort eine Lösung gibt, und auch, wie sich emotionsgeladene Spannungen durch Kommunikation abbauen.

MEHR ANREIZE, WENIGER STRAFEN

Strafen helfen nur kurzfristig. Abschreiben langer Texte, Nachsitzen, Umsetzen, Privilegien entziehen, natürlich muss Fehlverhalten Konsequenzen haben. Sanktionen sollten immer angemessen sein und die Durchsetzung konsequent. Die Nachhaltigkeit solcher Maßnahmen darf nicht überbewertet werden.

Positive Verstärkung, auch Lob oder Belohnung genannt, ist langfristig wirksam. Man möchte eigentlich meinen, regelkonformes Verhalten ist die Norm und als Selbstverständlichkeit nicht weiter erwähnenswert. Das Gegenteil ist der Fall. Eine Klasse voller Schüler, die sich an Regeln halten, ist doch das Ziel Ihrer Bemühungen. Also investieren Sie Energie und Aufmerksamkeit in Lob für solches Verhalten. Halten Sie insbesondere bei Schülern, die häufig stören, die Augen offen für Gelegenheiten zum Lob. Nutzen Sie Chancen, gerade solche Schüler wissen zu lassen, dass positives Verhalten bemerkt wird und Aufmerksamkeit erzeugt.

Das Belohnungssystem muss natürlich angepasst sein. In der Grundschule sind Sticker, Stempel oder Smileys beliebt. Toll ist natürlich, wenn das Motiv ausgesucht werden darf. Den Ehrgeiz anregen kann man durch zusätzliche Anreize: Zehn Smileys können gegen einen „Hausaufgabengutschein" getauscht werden. Hier gilt wie überall: Transparenz ist grundlegend für den Erfolg. Das System muss nachvollziehbar sein, tatsächlich muss allen klar sein, was genau belohnt wird, sonst entsteht der Eindruck von Willkür und das Gegenteil des gewünschten Effekts tritt ein.

Meinen Sie, von Schülern höherer Klassen könnten Sie anständiges Verhalten selbstverständlich erwarten und es muss nicht durch eine Belohnung eigens honoriert werden? Dann denken Sie zurück an die letzte Gelegenheit, bei der Sie gelobt oder sogar belohnt wurden. War das nicht ein tolles Gefühl? Lob und Belohnung funktionieren unabhängig von Alter oder Status. Bei älteren Schülern könnten Sie zu Gruppenbelohnungen greifen. Smileys / Punkte / Striche für gut gelaufene Stunden, Punktabzug für Ärgernisse und eine Belohnung für eine bestimmte Anzahl gesammelter Smileys / Punkte / Striche. Das kann ein kurzer Ausflug sein, ein Film, ein Spiel, verhandeln Sie die Belohnung mit der Klasse und verwenden Sie die Gelegenheit, Konsensfindung üben zu lassen.

Über alle Altersstufen hinweg gilt die Regel der Transparenz und Nachvollziehbarkeit (was wird belohnt, wofür gibt es Abzug) und es gilt, inflationäres Belohnen zu vermeiden.

BEZIEHUNG PFLEGEN

Wie gut kennen Sie eigentlich Ihre Schüler? Klar, es sind viele, jedoch wenigstens ein bisschen etwas über sein Gegenüber zu wissen, ist die Grundlage für eine gute Beziehung. Natürlich sprechen wir hier nicht über freundschaftliche Beziehungen, sondern über professionelle pädagogische Beziehungen als arbeitsfähige Basis. Zeigen Sie Interesse, das drückt Ihren Respekt aus. Und was wäre eine bessere Ausgangsposition, um selbst Respekt einzufordern?

Eine gute Beziehung muss Raum haben zu wachsen, sie lässt sich nicht quasi über Nacht einfach anknipsen. Aber es gibt Strategien, die gute Beziehungen fördern. Interessieren Sie sich auch für Dinge, die außerhalb des Schulalltags der Schüler liegen. Welche Musik hören die Schüler? Wer geht nachmittags zum Fußball? Sich für solche Sachen zu interessieren, ist ein Beziehungen-Booster. Ein paar ausgewählte Dinge über sich selbst preiszugeben, macht einen sympathisch und nahbar. Vorsicht bitte, die Grenzen dürfen nicht überschritten werden. Kein Anbiedern, kein kumpelhaftes Verhalten, finden Sie die richtige Balance zwischen Nähe und Distanz.

Übrigens schließt das auch die Beziehung zu den

Eltern ein. Es muss ja nicht immer das hochdramatische Elterngespräch sein, das meist erst angesetzt wird, wenn die Situation zu eskalieren droht. Eine kurze E-Mail, ein Anruf, eine kurze Nachricht, um die Eltern mit ins Boot zu holen, reicht aus. Das gilt natürlich für Lob gleichermaßen, denn das möchten die Eltern sicher auch nicht verpassen und können gerade hier als Multiplikatoren wirken.

Zu einer guten Beziehung gehört es ebenso, sich abgrenzen zu können. Zugewandt zu sein, bedeutet nicht, mitzuleiden. Das richtige Maß an Distanz befähigt Sie, in Krisen und Konflikten zu handeln.

GEMEINSAME AKTIVITÄTEN

Die beste Chance, eine Beziehung zu den Schülern herzustellen oder diese zu pflegen, ist jede Art gemeinsamer Aktivität. Das betrifft die ganz Bandbreite zwischen einer Stunde auf dem Spielplatz und einer Woche im Schullandheim. Hier sehen Sie sich gegenseitig aus einer völlig anderen Perspektive. Erinnern Sie sich aus Ihrer eigenen Schulzeit an Ihre Überraschung, wenn Sie einen Lehrer außerhalb des Unterrichts auf der Straße oder in einem Geschäft getroffen haben? Sie hatten sicher auch den Eindruck, dass es sich um einen ganz anderen Menschen handelt. Plötzlich ist er nicht mehr Ihr „Gegner", sondern einfach ein ganz normaler Mensch, der Milch kauft. Bei einer gemeinsamen Aktivität können Sie das umgekehrt wiederholen. Vielleicht sehen Sie den einen Schüler, der Sie seit Monaten provoziert und Ihnen den letzten Nerv raubt, in einer Situation, die ihn auch in einem anderen Licht erscheinen lässt.

Beziehen Sie die Klasse in die Planung der Aktivität ein und fördern Sie so ganz nebenbei gruppendynamische Prozesse. Moderieren Sie aber bitte klug den Entscheidungsprozess. Wenn Sie nur jeden sagen lassen, was er möchte, werden sich die „angesagten" Schüler mit ihren Vorschlägen durchsetzen, da sie automatisch die meiste Zustimmung erhalten. Damit verfestigen sich die Strukturen der Klasse und Sie bekommen kein Bild davon, was sich die Klasse wirklich wünscht. Drucken Sie die Vorschläge auf neutralem Karten anonym aus und lassen Sie „in geheimer Wahl" abstimmen, dann erhalten Sie ein ehrlicheres Stimmungsbild.

CLASSROOM-MANAGEMENT

Es erfordert etwas Übung und Erfahrung, den Unterricht so zu gestalten und vorzubereiten, dass alles möglichst fließend und ohne Brüche über die Bühne geht. Müssen Sie erst nach dem notwendigen Material suchen, fehlen Kopien von Arbeitsblättern oder gibt es schlicht keinen freien Platz auf der Tafel mehr, weil der Tafeldienst mal wieder nicht funktioniert? Während Sie mit solchen Dingen beschäftigt sind, entsteht ein Vakuum, das von Schülern gefüllt werden wird, die ihre Chance auf Aufmerksamkeit wittern.

Zum Beispiel der Klassiker „Blätterausteilen": Erklären Sie den Schülern den Arbeitsauftrag, bevor Sie die Blätter verteilen. Ist jedem klar, was zu tun ist, hilft es, dass jeder mit der Arbeit beginnt, sobald er das Blatt hat. Während Sie selbst die Blätter verteilen, sollten Sie trotzdem alle im Blick behalten, damit keine Unterbrechungen für Unruhe genutzt werden.

Leerlauf vermeiden Sie, auch wenn Sie die Aufgaben so stellen, dass sie an die individuelle Leistungsfähigkeit der Schüler möglichst angepasst sind. Dadurch vereinheitlichen Sie die Bearbeitungszeit und verhindern, dass Einzelne deutlich früher fertig sind und sich selbst anderweitige „Beschäftigung" suchen. Sie vermeiden bei den Schülern Frust und Langeweile, beides Risikofaktoren für Unterrichtsstörungen.

Erfolgreiches Classroom-Management beginnt bereits vor dem Klassenzimmer. Schüler kommen beispielsweise aus der Pause zurück oder vom Sportunterricht. Sie sind in Gruppen in Bewegung, man hört sie von Weitem, bis sie schubsend und rufend ins Klassenzimmer strömen, um sich dort niederzulassen, wahrscheinlich nicht, ohne vorher noch einiges herumgeworfen zu haben. Sie werden wertvolle Unterrichtszeit und einige Nerven investieren müssen, um eine konzentrierte Arbeitsatmosphäre herzustellen.

Besser wäre es, den Schülern bewusst zu machen, dass sie beim Betreten des Klassenraums Ihren Kontrollbereich betreten und sich unter Ihr Kommando begeben. Wie erreichen Sie das? Nicht durch das Brüllen von Befehlen, nicht durch konfrontatives Verhalten, also nicht: „Du, hör auf zu schubsen, und du, hol endlich dein Buch raus!" Konzentrieren Sie sich aufs Positive, sobald die Schüler durch die Tür sind: „Julia, schön, dass du pünktlich bist".

Ein weiterer wichtiger Punkt des Classroom-Managements ist es, dass die Schüler durchgehend beschäftigt sind. Klingt zunächst banal, es ist jedoch hilfreich, diesem Punkt Beachtung zu schenken. Wer früher als andere mit einer Aufgabe fertig ist, muss wissen, wo er anknüpfen kann. Je nach Altersstufe sind das Aufgaben in der Bandbreite von Mandalas ausmalen über Quizaufgaben lösen bis hin zu anspruchsvollen Fragestellungen. Wichtig ist, dass dies nicht als „Strafarbeit" empfunden wird, sondern als Belohnung, weil es Spaß macht (Knobeleien) oder entspannt (Mandalas) oder Erfolgserlebnisse bringt.

CHANCENGLEICHHEIT

Früher war das einfach so: Wenn es darum ging, die Klasse in zwei Gruppen aufzuteilen, wurden die Lieblingsschüler beauftragt, sich aus dem Rest der Klasse ihre Gruppe zusammenzustellen. Ergebnis: Die Klasse ist gespalten in Mächtige und Machtlose. Die Verlierer werden in ihrem Frust bestätigt und werden entweder stärker um Anerkennung und Macht kämpfen – womöglich auf Kosten Ihrer Autorität – oder es kommt dazu, dass sich Einzelne ganz verschließen und in Passivität verfallen, da sie in ihrer Ohnmachtswahrnehmung bestätigt wurden.

Vermeiden Sie Kategorisierungen jeder Art. Achten Sie auf die gleichmäßige Verteilung von Diensten (Fensterdienst, Austeildienst ...) und auf die gerechte

Verteilung von Möglichkeiten, Leistung zu zeigen. „Nie nehmen Sie mich, wenn ich mich melde!" Das stimmt so meistens nicht. Trotzdem lohnt es sich, das eigene Verhalten unter diesem Aspekt zu beobachten. Ist es wirklich ausgewogen im Hinblick auf die Zusammensetzung der Klasse (Mädchen, Jungs) oder die Sitzordnung (vorn, hinten) oder Ihre eigenen Vorlieben?

ELTERNARBEIT

Laut einer Forsa-Umfrage aus dem Jahr 2018 im Auftrag der Robert Bosch Stiftung bezeichnet jede fünfte Lehrkraft die Elternarbeit als eine der größten Herausforderungen. Dies trifft vor allem auf die Grundschulen zu, wo sich etwa jede dritte Lehrkraft durch die Kommunikation und Kooperation mit den Eltern herausgefordert fühlt.

Gerade im Umgang mit Schülern, die häufig stören, kann jedoch eine gelungene Kommunikation mit den Eltern wesentlich dazu beitragen, die Beziehung zum Schüler zu verbessern und damit das Potenzial für Störungen wesentlich zu verringern. Der Entspannungsfaktor wird sich auf die Arbeitsatmosphäre für die gesamte Klasse auswirken. Schon ein kurzes Telefonat, vielleicht eine schlichte Nachfrage, wie es dem

Sohn, der Tochter in der neuen Klasse oder mit dem neuen Schuljahr geht, kann der Beginn einer funktionierenden Erziehungspartnerschaft sein. Sie bekunden echtes Interesse und haben die Eltern als Partner auf Ihrer Seite. Wünschenswert wäre es natürlich, wenn Elternkontakt nicht erst bei Problemen zustande kommt, sondern unabhängig von Konflikten besteht. Sehen Sie die Eltern als das an, was sie sind. Es sind keine Gegner, gegen die es sich durchzusetzen gilt, keine Verbündeten, die Ihre Interessen zu vertreten haben, sondern Ihre Partner in der Schulgemeinschaft.

RITUALE

Rituale können einen wichtigen Beitrag leisten, langfristig Unterrichtsstörungen zu verringern. Sie schaffen eine Atmosphäre der Verlässlichkeit und Erwartungssicherheit. Sie geben den Schülern ein Gefühl von Eingebundenheit in die Klassengemeinschaft, eine Sicherheit, die Sie gelassener agieren lassen wird.

Rituale einzuführen, ist anfangs natürlich ein Mehraufwand. Sehen Sie es als gute Investition, die sich insgesamt auszahlen wird. Später werden Sie Zeit sparen, wenn tägliche Abläufe durch Rituale strukturiert sind. Angemessenheit ist auch hier wichtig. Als

Fachlehrkraft, die eine Klasse zweimal pro Woche sieht, ist ein Begrüßungsritual das richtige Mittel. Für Erstklässler ist der Morgenkreis eine wichtige Institution, für ältere Schüler sind Interaktionsrituale angemessen.

Ob Begrüßungsrituale, Verabschiedungsrituale, Geburtstagsrituale oder saisonale Rituale, es kommt auf die Regelmäßigkeit an und darauf, dass alle gleichberechtigt daran teilnehmen. Speziell für Störungen durch Lautstärke sind Ruherituale sinnvoll. Eine gleichberechtigte Handhabung würde zum Beispiel dadurch erreicht, dass auch Schüler das Ruheritual einsetzen dürfen, wenn sie sich selbst durch die Lautstärke gestört fühlen. Am gebräuchlichsten sind optische Ruhezeichen, meist Gesten, zum Beispiel das Heben der Hand, etwa ergänzt durch Zählen (bis 3) mit den Fingern. Eine vereinbarte Reaktion der Klasse könnte das antwortende Handheben sein.

Akustische Ruhesignale sind besonders behutsam einzusetzen, auf keinen Fall sollte es zu einem Überbieten an Lautstärke kommen. Rhythmische Signale sind beliebt, Sie können die Schüler auffordern, mitzuklatschen, um die Aufmerksamkeit wieder zu bündeln. Beispielhaft sei hier das Ritual der stillen Minute erläutert:

Es handelt sich um ein Ruheritual, das einer Aufmerksamkeitsmeditation nahekommt, mit einer Dauer von 1 bis 3 Minuten. Mit Einleitung und Nachbereitung müssen Sie insgesamt mit ca. 8 Minuten rechnen. Solange das Ritual in der Einführungs-Phase ist, also sich noch nicht als fester Bestandteil Ihres Unterrichts etabliert hat, müssen ein paar Minuten mehr investiert werden, um, wenn notwendig, den Ablauf wiederholt zu erläutern.

Sie brauchen als Hilfsmittel ein akustisches Signal, also einen Gong, eine Triangel, einen Klangstab, es sollte in jedem Fall einen sanften Ton erzeugen. Die Schüler werden aufgefordert, eine bequeme Sitzposition zu finden, beim ersten Ertönen des Signals die Augen zu schließen und eine Minute ganz ruhig zu sein. Beim zweiten Ertönen des Signals öffnen die Schüler die Augen wieder. Dann strecken sich alle, als ob sie aus einem tiefen Schlaf erwacht wären, und anschließend kann konzentriert weitergearbeitet werden. Zur Vertiefung des Effekts können Sie die Schüler berichten oder aufschreiben lassen, welche Geräusche sie in der Minute wahrgenommen haben.

DIE SCHÜLER BETEILIGEN

Disziplinstörungen belasten das gesamte Klassenklima, es ist daher auch nur naheliegend, die Schüler der Klasse an der Lösung zu beteiligen. Es trägt zudem auch positiv zur Persönlichkeitsentwicklung der einzelnen Schüler bei. Wichtig ist es in diesem Zusammenhang, dass die Schüler mit Ihnen gemeinsam zum Beispiel die Klassenregeln erarbeiten. Den Schülern sollte bewusst sein, dass es sich um eine gemeinsam getroffene Vereinbarung handelt und nicht um etwas, das ihnen von oben aufgezwungen wurde.

Natürlich haben Sie einen Plan und wissen, wie die Regeln am Ende aussehen sollen, trotzdem erhöhen Sie die Akzeptanz der Klasse deutlich, wenn Sie ein kooperatives Klima herstellen können. Und machen Sie niemandem etwas vor: Schüler werden blitzschnell Manipulationen entlarven. Verhandeln Sie also authentisch und bereiten Sie sich gut vor.

KLASSENKLIMA

Vorleben ist besser als Belehren, das ist eine altbekannte Weisheit. Sie können lange Vorträge um den richtigen Umgang halten oder Sie leben eine positive Umgangskultur vor. Zeigen Sie, wie Achtsamkeit geht. Eine zugewandte und akzeptierende Grundhaltung in der Kommunikation führt zu einem positiven Klassenklima. In einer solchen Atmosphäre ist es für Schüler leichter, Regeln zu akzeptieren, damit sinkt das Unruhepotenzial und alle profitieren. Die Schüler mit besseren Lernerfolgen und Sie mit mehr Selbstwirksamkeitswahrnehmung.

Schönbächler formuliert es treffend: „Hohe Lehrerselbstwirksamkeit korreliert demnach eher mit einem Klassenmanagementverhalten, das durch positive Erwartungen, Zutrauen und Schülermitsprache geprägt ist, während tiefe Lehrerselbstwirksamkeit eher mit Kontrolle, Vorgabe und Strafen verbunden ist." (Schönbächler 2008, S. 93)

DIE KUNST DER OMNIPRÄSENZ

Wurden Sie schon von Ihren Schülern gefragt, ob Sie hinten auch Augen hätten? Dann beherrschen Sie die Kunst der Omnipräsenz. Alles gleichzeitig im Blick zu haben, „Withitness", was Hans-Peter Nolting mit „Dabeisein", „Allgegenwärtigkeit" oder „Präsenz" übersetzt und mit der Fähigkeit der Lehrkraft erklärt, den Eindruck zu vermitteln, alles gleichzeitig im Blick zu haben (Nolting, H.-P., 2013, S. 33). Wenn Sie dann noch, während Sie im Klassenraum umherlaufen und Präsenz ausstrahlen, den Stoff spannend und mitreißend darstellen und unbemerkt vom Rest der Klasse einem unaufmerksamen Schüler ein nonverbales Signal der Missbilligung senden (Augenbrauen hoch), dann haben Sie die Methode des „Overlapping" angewendet.

Das bedeutet, dass Sie zwei Geschehnissen im Klassenraum gleichzeitig Aufmerksamkeit schenken. Zugewandtheit, Achtsamkeit, akzeptierende Grundhaltung in der Kommunikation, Einfühlungsvermögen signalisieren, Humor kann auch nicht schaden.

HILFSMITTEL

Eine Lärmampel kann hilfreich sein, einstellbar auf verschiedene Sensibilitäts-Stärken, solange sie grün leuchtet, ist alles in Ordnung. Die Ampel reagiert natürlich auch auf die erhobene Lehrerstimme, machen Sie sich also auf Reaktionen gefasst. Grundsätzlich nimmt die Ampel ein paar Ermahnungen ab. Andererseits schlägt die Ampel Alarm bei zu hoher Lautstärke, dann bekämpfen Sie Lautstärke mit Lautstärke. Analog dazu gibt es Verhaltensampeln: Alle Schüler starten morgens bei Grün, wer stört, wandert zum gelben und schließlich zum roten Feld weiter. Eine gute Möglichkeit, Verantwortung für Störungen zu visualisieren.

Gelbe und Rote Karten haben den Vorteil, dass Sie nicht groß erklärt werden müssen. Sie wirken schnell, direkt und unmissverständlich. Die Gelbe Karte ist die letzte Warnung, die Folgen einer Roten Karte müssen transparent aufgezeigt worden sein. Wählen Sie die Bedeutung der Roten Karte klug aus.

Der gute alte Kummerkasten bietet sich als alternatives Ventil für Schüler an, die ihre Unzufriedenheit ausdrücken möchten. Wahrscheinlich finden Sie hier auch Rückmeldung von Schülern, die sich durch Unterrichtsstörungen belastet fühlen. Nutzen Sie solche

Chancen, um das Thema mit der Klasse zu besprechen.

KONSEQUENT SEIN

Sich an die eigenen Regeln zu halten, ist wahrscheinlich in allen Lebensbereichen schwieriger, als es sich zunächst anhört. Die Klassenregeln weisen Pünktlichkeit aus, wie oft würden Sie sich selbst zugestehen, dagegen zu verstoßen – natürlich immer mit gutem Grund? Wie oft machen Sie sich bewusst, wie das auf Ihre Schüler wirkt?

Konsequenz gilt auch für Rituale, die Ihre Wirkung verlieren, wenn Sie nicht durchgängig abgehalten werden. Die Zeit für Rituale, die nicht regelmäßig stattfinden, ist verlorene Zeit. Lieber weniger Aktionen, die dann funktionieren, als eine Vielzahl gut gemeinter Ansätze, die dann in Zeitverschwendung münden, weil nichts richtig zu Ende geführt wird.

KLUGE SITZORDNUNG PLANEN

Die Sitzordnung spielt Ihnen dann in die Hände, wenn sie klug durchdacht wurde. Zunächst sollte die Anordnung der Tische so sein, dass Sie alle Schüler in kurzen Distanzen erreichen können. Vermeiden Sie

Strukturen, bei denen Sie Umwege zurücklegen müssen, um auf einen Schüler zuzugehen. Damit würden Sie sich um eine nonverbale Interventionsmöglichkeit bringen.

Sie möchten einem Schüler zeigen, dass Sie sein Verhalten beobachten und missbilligen, indem Sie auf den Schüler zugehen. Wenn die Anordnung der Tische Sie zwingt, sich zunächst in eine andere Richtung zu bewegen, geht der Effekt verloren und die Geste wirkt insgesamt kontraproduktiv. Bedenken Sie auch, dass Sie beispielsweise bei der Walk-Around-Technik in der Lage sein sollten, den ganzen Raum abzudecken.

Die Sitzordnung sollte auch sowohl für Einzelarbeit als auch für Gruppenarbeiten geeignet sein. Damit vermeiden Sie Unruhephasen während langwieriger und aufwendiger „Umbauarbeiten".

Jeder Klassenraum hat beliebte Plätze und weniger attraktive Sitzplätze. Das bietet Gelegenheit, vorbildliches Verhalten öffentlichkeitswirksam zu belohnen. Insgesamt ist es wichtig, dass die Klasse grundsätzlich mit der Sitzordnung einverstanden ist. Es wird nicht gelingen, alle Bedürfnisse zu berücksichtigen. Sollten Sie planen, den Schülern ganz die Wahl zu überlassen, wird es dazu kommen, dass die, die am besten ihre Ellbogen einsetzen können, die besten Plätze ergattern.

Sozusagen als Belohnung für rücksichtsloses Verhalten.

DAS KLASSENZIMMER

Das Klassenzimmer ist Ihr Arbeitsraum und der der Schüler. Er steht in einer Wechselwirkung mit seinen Benutzern. Wir möchten uns an dem Ort wohlfühlen, an dem wir Leistung erbringen sollen, Unterrichtsleistung oder Lernleistung. Ein Ort kann durch klare Strukturen Ruhe, Ordnung und Schlichtheit in der Gestaltung ausstrahlen. Kahle Räume sorgen dagegen schon rein akustisch für Hall und Lautstärke. Pflanzen verbessern das Raumklima und reduzieren Lärm. Der Ort für Pflanzen sind Fensterbänke oder Regale.

Haben Sie Einfluss auf die Wandfarbe? Orange, Hellgelb oder Hellblau gelten als lernfördernd. Bilder machen einen Raum persönlicher, bitte achten Sie dabei aber unbedingt auf das richtige Maß, um keine Unruhe an den Wänden herzustellen.

Sorgen Sie durch regelmäßiges Lüften für genügend Sauerstoff und achten Sie auch auf die richtige Raumtemperatur. Schüler, die sich unwohl fühlen, sind unruhiger und neigen zu mehr Störungen. Würden Sie sich wohlfühlen, wenn Sie stundenlang mit anderen eng aufeinander sitzen? Denken Sie an Situationen in Bussen und Straßenbahnen. Welche Erleichterung ist es, nach zwanzig Minuten auszusteigen. Ihre Schüler sitzen stundenlang vielleicht beengter als nötig. Wo können Sie im Klassenzimmer Platz gewinnen, um die Schülertische weiter auseinanderziehen zu können? Vielleicht möchten Sie den Raum, den Ihr Schreibtisch einnimmt, opfern und ihn ganz an die Wand schieben. Im Gegenzug erhalten Sie ein bisschen mehr Ruhe im Unterricht – ein gutes Geschäft.

STRESSABBAU DURCH ENTSPANNUNGSÜBUNGEN / KÖRPERLICHE LOCKERUNGSÜBUNGEN

Aufgedrehte Schüler, angespannte Atmosphäre, die Unruhe hat sich hochgeschaukelt. Zeit für eine kurze Unterbrechung, einen Neustart. Leiten Sie diesen mit einer kleinen körperlichen Lockerungsübung ein. Solche Entspannungs- oder Lockerungsübungen eignen sich als Ritual, als fest eingeplanter Bestandteil eines Tages- oder Wochenrhythmus oder als spontaner Break in Situationen, wie sie oben beschrieben sind. Es gibt viele Spiele, Übungen, Techniken, hier werden nur wenige als Beispiel genannt.

Sitzend: Füße oder Schultern kreisen lassen, rhythmische Spiele mit Klatschen, Schnalzen oder Stampfen

Im Stehen: Hampelmann; auf die Zehenspitzen stellen und imaginäre Äpfel vom obersten Ast pflücken.

In Bewegung: Freeze – Kinder bewegen sich und versteinern beim Signal (Klatschen oder Musik-Stopp), Zirkus – Kinder bewegen sich durch den Raum und balancieren dabei einen Radiergummi o. Ä. auf dem Kopf.

Mit Partner: Blindenführer – Ein Sehender führt einen „blinden" Partner durch den Raum.

Mit Musik: Knees-and-Toes-Song oder Ähnliches, dem Alter der Schüler angepasst.

Zur Entspannung können eigene Räume gestaltet werden, eine Ruhe-Ecke könnte beispielsweise Kopfhörer mit Entspannungsmusik bereithalten. Auch mit Meditationsübungen erzielen Lehrer gute Ergebnisse. Zum Beispiel schließen die Schüler für eine Minute die Augen und notieren anschließend, was sie gehört haben.

Wo bekomme ich Hilfe

KOLLEGEN

Fühlen Sie sich oft als Einzelkämpfer? Das bringt der Beruf des Lehrers mit sich, da sie meist allein vor der Klasse stehen, wenn es darauf ankommt, allein Entscheidungen zu treffen und dann letztendlich auch allein mit den Konsequenzen zu leben. Das stellt eine enorme Belastung dar. Wer in einem Großraumbüro arbeitet, hat zum Beispiel jederzeit Kollegen um sich, die „auf dem kurzen Dienstweg" um Rat gefragt werden können. Nicht zu unterschätzen ist auch die Möglichkeit, nur mal kurz einem Gegenüber sagen zu können, was einen gerade nervt. Bei

Kleinigkeiten hilft es ja meistens schon, diese mal auszusprechen. Ein Kunde wird im Laden aggressiv? Meistens wird die Security oder der Chef geholt. Als Lehrer haben Sie diese Option nicht oder nur sehr eingeschränkt. Wie sehen die Möglichkeiten der Teamarbeit konkret an der Schule aus?

DIE SCHÜLER ALS INFORMATIONSQUELLE NUTZEN

Feststeht, dass es keinen störungsfreien Unterricht gibt, und ebenso, dass Lehrer Fehler machen im Umgang mit diesen Störungen. Entscheidend ist es, diese Fehler zu reflektieren und die richtigen Schlüsse daraus zu ziehen. Warum hat genau dieser Schüler genau so reagiert in dieser Situation? Wie hätte er auf eine andere Strategie reagiert? Analysieren Sie, warum eine Situation aus dem Ruder gelaufen ist.

Hilfreich kann es sein, zum Beispiel ein Moodboard zu diesem Thema für sich anzulegen, um wiederkehrende Strukturen erkennen zu können. Vergessen Sie bitte nicht, auch den Situationen darauf Raum zu geben, in denen Sie erfolgreich waren. Sammeln Sie Feedbacks nicht nur von Kollegen, sondern auch von Schülern. Das versetzt Sie in die Lage, zum Beispiel die richtige Fortbildung auszuwählen und Ihre Selbstwirksamkeit zu beweisen.

FORTBILDUNG

Sich weiterzubilden, auf dem aktuellen Stand zu sein, ist wichtig und richtig, in diesem Punkt sind sich alle einig. Sich weiterzubilden, ist unerlässlich für die eigene Kompetenz und ganz nebenbei leben Sie auch den Schülern das lebenslange Lernen vor. Sie tragen in die Klasse weiter, wie befriedigend es ist, Erfolgserlebnisse zu haben und sich weiterentwickelt zu haben. Mit jeder Fortbildung werden Sie auch mehr Vertrauen in Ihren Kompetenzen entwickeln, was sich positiv auf die Qualität Ihrer Klassenführung auswirkt.

Über das Pflichtprogramm gibt die Lehrerfortbildungsverordnung Auskunft. Beachten Sie auch die Landesgesetze und die schulinternen Regelungen. Über das Fortbildungsbudget Ihrer Schule wird ein Teil abgedeckt. Das Kursangebot ist groß und nützlich. Hinzukommt das sogenannte informelle Lernen durch Selbststudium oder Austausch unter Kollegen. Je mehr Erfahrung Sie sammeln und je mehr Sie gleichzeitig Ihr Verhalten, Ihre Reaktionen und die Schülerreaktionen reflektieren, desto klarer erkennen Sie Ihren persönlichen Bedarf an weiterführenden Informationen. Warten Sie nicht, bis die Schulleitung etwas organisiert. Werden Sie selbst aktiv. Verschaffen Sie sich zunächst einen Überblick über das Angebot. Prüfen Sie, ob in Ihrem Bundesland Suchmaschinen oder Broschüren zur Verfügung gestellt werden, die anerkannte Fortbildungen auflisten.

RESILIENZ

Zum Thema Resilienz hat der YouTube-Star Lehrerschmidt einen guten Tipp: Sich bei einer Störung klarzumachen, dass man selbst ein Profi ist, eine Störung zum Unterricht dazugehört und man als Profi diese Störung auflösen wird. Auch die Störung zu hinterfragen ist wichtig. Ist das wirklich eine Störung oder ein Teil des Auseinandersetzungsprozesses? Ist die Störung ein Signal, dass die Schüler unter- oder überfordert sind?

Resilienz ist die Fähigkeit zu Belastbarkeit, ein Begriff aus der Physik, der besagt, dass ein Stoff nach einer Belastung wieder zu seiner Ursprungsform zurückkehrt. Stellen Sie sich vor, eine Belastung greift Sie an, und durch innere Stärke sind Sie in der Lage binnen kürzester Zeit zu der Verfassung zurückzukehren, in der Sie sich zuvor befanden. Oder noch besser: aus einer Belastungssituation Stärke und Kraft zu ziehen, ist möglich. Das ist trainierbar wie ein Muskel, Informationen finden Sie weiter im Bereich „Weiterlesen".

Voraussetzungen für solche Fähigkeiten ist die viel beschworene Work-Life-Balance und ein gesundes Selbstvertrauen. Störungen im Unterricht sind ja nicht nur beiläufige Zwischenrufe, sondern können auch fies und verletzend sein. Angriffe oder Vorwürfe nicht an sich heranzulassen, ist oft leicht gesagt, aber was tun, wenn das Adrenalin schon wirkt und Sie am liebsten direkt zurückschießen möchten? Viel Zeit haben Sie nicht, um sich zum Beispiel erst mal auf die schönen Dinge des Lebens zu besinnen. Trotzdem muss die Zeit reichen dafür, erst mal tief zu atmen. Dann braucht es unbedingt Klarheit darüber, dass dieser Angriff nicht Ihnen persönlich gilt. Es handelt sich um das Problem eines Schülers, eine Machtprobe vielleicht, es handelt sich sicher nicht um Ihre Persönlichkeit. Damit haben Sie bereits etwas Distanz hergestellt.

Es gibt eine Vielzahl von Übungen, um die persönliche Resilienz zu stärken. Beispiele sind, ein Optimismus-Tagebuch zu führen oder ein Erfolgs-Tagebuch. Sich jeden Tag Ziele zu setzen, unterstützt einen dabei, die Erfolge überhaupt zu erkennen. Vorausgesetzt, die

Ziele sind realistisch. Ein wichtiger Faktor ist es, Empathie zu üben. Empathie spielt eine entscheidende Rolle beim Aufbau von Resilienz. Vielleicht befähigt es Sie letztendlich auch dazu, in der oben erwähnten Situation, Empathie für den zu empfinden, der Sie gerade angreift, denn Sie erkennen, dass dieser Schüler eigentlich aus seiner eigenen Not heraus handelt.

SUPERVISION

Supervision kann in einem Kollegengespräch stattfinden oder durch einen gebuchten Anbieter. Entscheiden Sie, ob Sie Einzelgespräche oder Gespräche in einer Gruppe bevorzugen. Es gibt Angebote der schulpsychologischen Beratungsstellen zu Gruppen-Supervisionen, Informationen finden Sie auf den Seiten der Schulämter. Ziel kann es sein, die grundsätzliche Haltung zu reflektieren oder auch bestimmte Situationen zu beleuchten, um mehr Klarheit über das eigene Handeln zu erhalten. Es gibt die Fallsupervision, in der es um einzelne Fälle, Konflikte, Schüler oder auch das Team geht.

Ideen aus anderen Berufsfeldern

IMPROTHEATER

Immer häufiger werden Workshops zu Techniken des Improtheaters speziell für pädagogische Fachkräfte angeboten. Vielleicht auch in Ihrer Nähe? Dort können Sie Techniken lernen, die Ihnen auf jeder Bühne helfen, auch auf Ihrer Bühne im Klassenzimmer. Lerninhalte, die Ihnen nützen könnten, sind zum Beispiel das Lesen von körpersprachlichen Signalen, situationsgerechtes Handeln und authentisches Auftreten. In der Lage zu sein, Situationen mal umzukehren und aus einem vorlauten Schüler einen werden zu lassen, der sich voll einbringt. Solche Dinge nicht nur für sich selbst zu erkennen, sondern auch für andere sichtbar zu machen, könnte eine Kompetenz sein, die Sie sich vom Improtheater abgucken können.

RHETORIK

Leider ist nicht jeder mit Schlagfertigkeit gesegnet und Platz für humorvolle Bemerkungen scheint im Schulalltag wenig vorhanden. Wie wundervoll ist es doch, eine brenzlige Situation mit einer einzigen kleinen witzigen Bemerkung scheinbar mühelos verpuffen zu lassen. Die gute Nachricht ist: Schlagfertigkeit kann gelernt werden. Humorvolle Antworten zu geben, lässt sich üben. Oft fallen einem doch die wirklich passenden und witzigen Antworten erst eine Stunde später ein, wenn die Situation längst vorbei ist. Schreiben Sie sich die Antworten auf, Situationen wiederholen sich und beim nächsten Mal sind Sie bereit. Dosieren Sie allerdings mit Bedacht, durch zu viel Ironie oder ständiges Witze-Reißen rutschen Sie schnell in Blödelei ab.

Rhetorikkurse werden in großer Bandbreite angeboten, längst gibt es Online-Tipps für Schlagfertigkeitsübungen speziell für Lehrer. Trotzdem lohnt sich ein Blick auf die Ratschläge von Karriereberatern oder Kommunikationstrainern.

KOMMUNIKATIONSWISSENSCHAF-TEN

Die Kommunikationswissenschaft bietet Pädagogen eine große Vielzahl von Werkzeugen, die im Alltag einsetzbar sind. Professionelle Gesprächsführung zum Beispiel beinhaltet nützliche Kompetenzen wie aktives Zuhören oder den Umgang mit aggressiven Gesprächspartnern. Sie können lernen, wie Sie Kommunikationsmuster erkennen, wie Sie mit Feedback umgehen und wie Sie selbst Feedback geben.

Bleiben Sie Sie selbst

Bei der Vielzahl von Hinweisen, nützlichen Tipps und wertvollen Überlegungen, die es von vielen Seiten für Lehrer gibt, bleibt eines jedoch klar: Das Patentrezept gibt es nicht. Genauso wenig, wie es einen störungsfreien Unterricht gibt, kann es eine allgemeingültige Vorgehensweise bei Störungen geben. Das liegt natürlich daran, dass es immer die individuelle und besondere Situation ist, in der sich sowohl Schüler als auch Lehrer befinden. Ursachen lassen sich kategorisieren oder systematisieren,

Strukturen lassen sich analysieren, Sie können sich Standardantworten zurechtlegen und das Poker Face vor dem Spiegel üben. Das alles wird Ihnen enorm helfen, in schwierigen Situationen mit Unterrichtsstörungen umzugehen.

Einen wichtigen Faktor bringen Sie jedoch mit: Ihre Persönlichkeit. Sie sind es, der Situationen einschätzt und über Reaktionen entscheidet. Das tun Sie professionell mit Ihrem Fachwissen und Ihren Kompetenzen. Und Sie agieren auch aufgrund Ihrer Persönlichkeit, Ihrer Empathie. Die Erfahrung dient Ihnen ebenfalls, den richtigen Ton zu finden, die richtigen Antworten. So gesehen, nützen Ihnen Unterrichtsstörungen auch, denn Sie helfen Ihnen, sich fachlich und persönlich weiterzuentwickeln. Das funktioniert nur, solange Sie nicht aufhören, Ihr eigenes Verhalten zu reflektieren, und bereit sind, sich Fehler einzugestehen. Dazu gehört auch, sich für Erfolge auch mal selbst auf die Schulter zu klopfen.

Weiterlesen

- Hike Frank: Lehrer am Limit: Gegensteuern und durchstarten
- Marie-Theres Schönbächler: Klassenmanagement: Situative Gegebenheiten und personale Faktoren in Lehrpersonen- und Schülerperspektive
- Christa Hubrig und Peter Herrmann: Körpersprache in der schulischen Kommunikation
- Hans-Peter Nolting: Störungen in der Schulklasse: Ein Leitfaden zur Vorbeugung und Konfliktlösung
- Monika Gruhl: Resilienz für Lehrerinnen und Lehrer: Kraft für die Schule und für mich
- Carmen Große-Siestrup: Unterrichtsstörungen aus der Sicht von Lehrenden und Lernenden.

Ursachenzuschreibungen, emotionales Erleben und Konzepte zur Vermeidung

Herstellung und Verlag:
BoD – Books on Demand, Norderstedt
ISBN: 9783753477343

© Markus Steiger 2022
1. Auflage
Kontakt: Psiana eCom UG/ Berumer Str. 44/ 26844 Jemgum
Covergestaltung: Fenna Larsson
Coverfoto: depositphotos.com